공부하는
이유

사회

공부하는 이유: **사회**

초판 1쇄 발행 • 2021년 9월 10일

지은이 • 곽한영
펴낸이 • 강일우
책임편집 • 김선아
조판 • 박지현 박아경
펴낸곳 • (주)창비
등록 • 1986년 8월 5일 제85호
주소 • 10881 경기도 파주시 회동길 184
전화 • 031-955-3333
팩시밀리 • 영업 031-955-3399 편집 031-955-3400
홈페이지 • www.changbi.com
전자우편 • ya@changbi.com

ⓒ 곽한영 2021
ISBN 978-89-364-5952-9 44300
ISBN 978-89-364-5951-2 44080 (세트)

곽**한영** 지음

공부하는
이유

사회

창비

여러분, 안녕!

나는 여러분에게 '사회'가 어떤 과목인지 설명해 줄 사회 박사 선생님이야. "에이, 아무 데나 박사 붙이는 거 촌스러워요." 하는 말이 들리는 것 같네. 잠시 자랑을 해 보자면 선생님은 대학교에서도 사회를 전공했고, 대학원 석사 과정도, 박사 과정도 모두 사회 과목으로 학위를 받았어. 또 고등학교에서 사회를 가르치는 선생님도 해 봤고, 지금은 대학에서 미래의 사회 선생님들을 가르치는 일을 하고 있으니, 이만하면 '사회 박사'라고 해도 괜찮지 않을까?

"우아, 평생 사회 공부만 하셨네요. 그렇게 공부할 게 많은 과목이에요?" 이번에는 이런 말이 들리면서 눈이 커지는 학생들이 있는 것 같아. 사실 사회 과목은 내용의 폭이 정말 넓어. 우리가 사는 사회에 관련된 거의 모든 내용을 다루는 학문이니 좋게 말하면 종합적이고, 나쁘게 말하면 잡다하다고도 할 수 있어. 하지만 이 내용들이 모두 서로서로 연결되어 있기 때문에 공부를 하면 할수록 재미를 느끼게 되는 과목이지. 바로 그 이유 때문에 선생님도 이렇게 평생 사회 공부에 매달릴 수 있었어.

이 책에서는 여러분에게 '사회의 재미'에 대해서 이야기해 보려고 해. 사회는 뭘 배우는 과목이고, 배우면 어디에 쓸 수 있는지, 어떤 점이 도움이 되는지, 이렇게 여러분이 진짜 궁금해하는 부분들 말이야.

그런데 이 이야기를 하려면 먼저 사회가 어떤 과목인지부터 알아야겠지? 이제 책장을 넘겨서 본격적으로 사회의 세계 속으로 들어가 보자고.

사회가 뭐냐고 물으신다면

사회가 뭔지, 사회 과목이 뭔지 알아야 사회를 공부하는 이유도 생각해 볼 수 있겠지?

1부에서는 사회 과목을 구성하는 다섯 가지 학문인

정치학, 경제학, 사회학, 문화 인류학, 법학을 중심으로

사회 과목이 어떤 내용을 담고 있는지 차근차근 이야기해 볼게.

정치, 경제 등으로 사회의 여러 과목이 더 세세하게 나뉘는 고등학교와 달리,

아직 초등학교와 중학교에서는 사회를 더 구분하지 않고 그냥 '사회'라는 한 과목으로 배워.

그런데 알고 보면 사회 과목에는 저 다섯 가지 학문이 모두 들어가 있어.

교과서는 한 권이지만, 그 안에 다섯 개 분야가 사이좋게 들어가 있는 셈이지.

그러니 사회 과목을 알려면 저 다섯 분야 각각을 먼저 알 필요가 있어.

사회를 공부하려면 사회를 공부해야지!

1

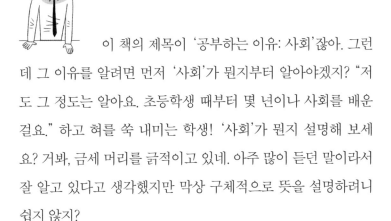

이 책의 제목이 '공부하는 이유: 사회'잖아. 그런데 그 이유를 알려면 먼저 '사회'가 뭔지부터 알아야겠지? "저도 그 정도는 알아요. 초등학생 때부터 몇 년이나 사회를 배운걸요." 하고 혀를 쑥 내미는 학생! '사회'가 뭔지 설명해 보세요? 거봐, 금세 머리를 긁적이고 있네. 아주 많이 듣던 말이라서 잘 알고 있다고 생각했지만 막상 구체적으로 뜻을 설명하려니 쉽지 않지?

사실 '사회'는 불과 100년 전만 해도 우리나라에서 잘 쓰이지 않던 말이야. 1921년 현진건이 발표한 「술 권하는 사회」라는

소설에 보면 이런 장면이 나와. 일본 유학까지 다녀온 엘리트 남편이 술에 잔뜩 취해 들어와서는 "이 사회란 것이 내게 술을 권한다오."라고 해. 그러자 아내가 '사회란 무엇인가' 하고 혼란스러워하면서 "조선에만 있는 요릿집 이름이어니" 짐작해. 즉, 당시 이 아내와 같은 평범한 조선 사람들은 사회라는 말 자체를 들어 본 일이 거의 없었다는 뜻이지.

눈치 빠른 학생이라면 이 장면에서 또 다른 실마리를 찾을 수 있을 거야. "어, 일본 유학을 다녀온 남편은 사회라는 말을 알고 있으니, 그럼 일본에서는 이미 사회라는 말을 쓰고 있었다는 뜻이네?" 오, 대단한데! 맞아. **사회는 일본이 근대화 과정에서 서양의 society(소사이어티)를 번역하면서 사용한 말이야.** 그렇다고 해서 한자어 '사회(社會)'를 일본에서 처음 만들어 낸 것은 아니고, 이 말 자체는 고대 중국에서 이미 등장했었어. "뭐가 이렇게 복잡해요?" 하고 짜증 내지 말고 차근차근 얘기를 들어 봐.

원래 '사(社)'는 중국의 춘추 전국 시대에 농사가 잘되게 해 달라는 뜻으로 봄과 가을에 토지신에게 제사를 올리던 공적인 행사를 뜻해. 이때만큼은 마을 사람들이 모두 모여서 맛있는 음식도 나누어 먹고 이야기도 주고받고 놀이도 하면서 즐겁게 하루를 보냈지. 이렇게 사람들이 모이는 것을 '회(會)'라고 해. 그러니까 '사회'에는 '제사를 계기로 공동체 구성원들이 다 같이 모이는 자리'라는 뜻이 있어. 특별히 어떤 공통의 목적이나 체계적인 조직을 갖추고 사람들의 관계가 짜이는 것은 아니니까 그냥 '여러 사람이 잔뜩 모이는 일' 정도를 가리키는 말이었다고 볼 수 있지. 요즘 말로 하면 '군중'에 가까운 의미일 거야.

그런데 서양에서 society는 그와 비슷해 보이지만 상당히 다른 의미와 배경을 가지고 있어. 서양에서는 오랫동안 왕, 귀족 등 소수의 특권 계층에 의한 통치가 이어지다가 18세기 무렵 산업 혁명과 시민 혁명을 계기로 시민들의 힘이 점점 강해지게 되거든. 이때 시민들은 서로서로 뭉쳐서 단체나 연맹 같은 것을 만들어 토론도 하고, 함께 특권층에 맞서서 싸우기도 해. 이렇게 여러 사람이 모인 단체를 society라고 불렀어. 우리말로 직접 옮기자면 협회, 모임, 이런 의미에 가깝지.

혹시 「죽은 시인의 사회」라는 영화 제목을 들어 봤니? 교육에 관련된 유명한 영화인데, 이 영화의 원제목은 Dead Poet's Society야. 영화 속에 나오는 고등학교에서, 이미 세상을 떠난 시인들의 작품만 읽는 문학 동아리의 이름이 이것이었지. 정확히 번역하자면 '죽은 시인 클럽' 정도로 했어야 했는데 잘못 번역한 거야.

방금 설명한 것처럼 서구에서 society가 등장한 것은 시민의 힘이 세지고 민주주의로 이행해 가는 과정과 직접 관련이 있어. 야구장에서 야구를 구경하려고 모여 앉은 사람들처럼, 서로 아무런 상호 작용 없이 '함께이지만 따로' 존재하는 사람들은 society가 아니야. society는 각각의 사람들이 다 주체적이고 자율적으로 움직이는 것을 전제로 해. 서로서로 긴밀하게 관계를 맺으면서 돕고 혹은 경쟁하며 살아가는 공동체라는 의미지.

그래서 일본이 근대화하는 과정에서 이 단어가 중요해졌어. '근대화'란 왕에게 무조건 복종하는 백성들로 구성된 과거의 수동적인 체제에서, 모든 사람이 공동체의 주인으로 자율적으로 움직이는 체제로의 변화를 의미해. 그러니까 나라, 국가를 대신하는 society라는 개념은 아주 새로운 단어로 번역, 제시될 필요가 있었던 거지. 그래서 일본의 근대화를 이끌었던 후쿠자와 유키치 같은 사람들은 일부러 당시 거의 사용되지 않고 잊혀있던 '사회'라는 단어를 끌고 와서 번역어로 삼았어. 그리고 그 사회라는 단어가 우리나라에도 들어와 쓰이게 되었지.

"처음부터 왜 이렇게 어려운 이야기로 시작하세요!" 하고 울상일 것 같네. 하지만 조금 어렵더라도 사회라는 단어의 유래를 잘 곱씹어 보면 현재 우리가 배우는 '사회' 과목의 복잡한 성격을 잘 이해할 수 있어.

사회 과목은 사람들이 모여 있는 공동체에 관한 학문이야. 사람과 사람이 모이면 어떤 일들이 벌어지는지, 그것을 어떻게 이해하고 받아들일지, 어떻게 예측하고 통제할지에 관련된 정치학, 경제학, 사회학, 문화 인류학, 법학 등의 내용이 모두 다루어지는 과목이야. 한 가지 더 생각할 점은, 이런 공동체에 관한 탐구의 바닥에는 '민주주의'가 깔려 있다는 거야. 앞서 서구에서 society가 시민 혁명과 관련해서 등장했던 것처럼, 일본의 근대화 과정에서 사회라는 말이 등장했던 것처럼, 사회는 학생들에게 우리 사회의 기본 원리인 민주주의를 이해하고 민주 사회의 구성원이자 주인으로 살아갈 능력을 키워 주는 과목이야. 그런 점에서 공동체의 삶을, 시간을 축으로 체계적으로 이해하는 '역사'나, 공간과 지역을 중심으로 이해하는 '지리'와 차이가 있지. 우리가 지금 살아가는 사회를 이해하려면 사회를 공부해야 한다는 말씀!

자, 그럼 이제 사회를 구성하는 학문 분야들을 하나씩 살펴보자.

권력을 배분하는 방법, 정치학

2

이제까지 살아오면서 "아빠가 더 좋아, 엄마가 더 좋아?"를 빼놓고 가장 많이 들은 질문은 아마 "장래 희망이 뭐니?"일 거야. 또 물어보면 화내려나? 장래 희망이 뭐니? 연예인? 의사? 유튜버? 아, 요즘 학생들은 너무 스케일이 작아. 그래도 앞날이 창창한 여러분 나이 때에는 "세계를 정복할 거예요!" 하고 큰소리치는 사람이 한 명쯤은 있어야 하는 것 아냐?

"아이고, 선생님, 황당한 소리 하지 마세요. 세계를 어떻게 정복해요? 반에서 1등 하는 것도 힘든데……." 하는 소리가 들리네. 물론 아주 옛날 몽골의 칭기즈 칸이나 고대 그리스의 알

렉산더 대왕처럼 세계를 휩쓸고 다니면서 대제국을 건설하는 일은 현대 사회에서 불가능한 일일지 모르지. 하지만 혹시라도 여러분이 콜라 캔을 땄는데 그 안에서 검은색 거인이 뿡 하고 나타나서 "갇혀 있는 저를 구해 주셔서 감사합니다. 소원이 있다면 뭐든지 들어드리죠." 할지도 모르잖아. 그럴 때 '어어, 이게 무슨 일이지? 얘 누구야? 몰래카메라인가? 아, 근데 소원을 말하라고? 내 소원이 뭐였더라…… 난 누구, 여긴 어디…….' 하다가 "콜라의 김이 다 빠져서 타임아웃입니다. 아쉽지만 전 이만." 하고 거인이 사라져 버려서 어이없이 기회를 놓치면 안 되잖아? 자고로 사람은 늘 만약의 사태에 준비가 되어 있어야 하는 법이라고.

자, 그런데 만약 여러분이 선생님의 충고를 귀담아듣고 만반의 준비를 갖추고 있다가 캔에서 거인이 튀어나와 "갇……"이라고 하자마자 "세계 정복! 세계 정복!"이라고 목이 터져라 외쳐서 정말로 여러분이 지구 대마왕이 되었다고 해 보자. 그러면 문제는 이제부터 시작이라는 것 알아? 지구는 정말 정말 넓고 인구도 엄청나게 많잖아. 세계 인구가 70억 명이 넘고 유엔(UN)에 가입된 국가 수만 해도 200개국이 넘어. **이 많은 사람을 혼자서 어떻게 다스릴 거야?**

"에헤, 선생님 걱정도 팔자시네. 부하들을 뽑으면 되죠!"라고? 에헤, 그게 그렇게 간단한 일이 아니라니까. 부하를 몇 명이나 뽑을 건데? 여러분이 직접 명령을 내리고 통제할 수 있는 사람이 몇 명이나 될 것 같아? 20명? 30명? 아마 50명만 넘어가도 얼굴이나 이름조차 제대로 외울 수 없을걸?

그리고 각각 권한은 어떻게 나눠 줄 거야? 어떤 일을 누가 하도록 어떻게 정하고, 혹시 제대로 일하지 않고 게으름 피우는 건 아닌지 어떻게 확인할 거야? 전 세계 사람들이 우르르 몰려 와서 "이거 왜 안 돼요?" "저거 해 주세요." "쟤가 자꾸 저를 괴롭혀요, 잉잉." 하면서 온갖 요구를 할 텐데 그것을 다 감당할 수 있을 것 같아?

그래서 많은 사람이 모여 사는 사회에는 필연적으로 '체계' 혹은 '제도'라는 것이 필요해. 그리고 그 체계란 결국 누가 결정할 권한을 갖고 누가 그 결정에 따를 것인가를 정하는, 다시 말해 '권력을 배분' 하는 시스템이라고 할 수 있어. 이렇게 권력을 배분하는 작용을 '정치(政治)'라고 불러. 사회의 한 부분인 정치학은 그러니까 이런 권력의 문제, 권력을 바탕으로 만들어지는 체제와 제도에 관한 문제들을 배우는 학문이야.

'권력'이라고 하면 뭔가 다른 사람들을 힘으로 괴롭히는 나

쁜 사람들을 떠올릴지도 모르겠네. 좋고 나쁨을 떠나서 어떤 사람이 다른 사람에게 무언가를 하도록 만드는 힘은 모두 권력의 일종이야. 부모님이 자녀들에게 학교를 다니고 공부를 하도록 시키는 것도, 학교 선생님이 여러분으로 하여금 조용히 책상 앞에 앉아서 수업을 듣도록 하는 것도, 선거를 통해 정치인들이 유권자의 뜻에 맞춰 행동하도록 하는 것도 모두 권력이 작동하는 현상이라고 할 수 있지.

권력 그 자체는 나쁜 것이 아니야. 중요한 것은 권력이 얼마나 많은 사람에게 도움이 되는 방향으로 활용되도록 할 것인가의 문제야. 단 한 사람이 권력을 쥐고 자기 마음대로 정치를 하는 것을 '독재'라고 하고, 왕이나 귀족 등 소수의 사람이 특권 계층이 되어서 신분제로 사람들을 나누어 통치하는 경우를 '봉건제', 모든 사람이 사회의 주인으로 존중받으면서 권력을 행사할 수 있는 체제를 '민주제'라고 하는데 이것들은 모두 '정치 체제'의 일종이야. 그러니까 정치를 제대로 알아야 내가 어떤 정치 체제에서 살고 있고, 또 올바른 정치 체제를 만들고 지키기 위해 무엇을 해야 하는지 알 수 있게 돼.

아까 얘기로 돌아가서 만약 여러분이 세계를 정복한 지구 대마왕이 되었다면, 가장 먼저 해야 할 일은 어떤 정치 체제를

택할 것인지 결정하는 거야. 그 뒤 이에 맞추어서 입법부, 행정부, 사법부 같은 기관도 만들고 경찰, 군대 같은 조직도 만들고 여기에 사람들을 배치해서 통치를 위한 시스템을 갖추어야 하지. 이런 것을 잘하려면 역시 정치학, 그러니까 '사회'를 배워야 해.

그런데 하나 물어볼까? 진짜 지구 대마왕이 되면 어떤 정치 체제를 만들고 싶어?

국가와 국가의 보이지 않는 관계, 국제 정치학

3

이런 권력의 문제는 국가 안에만 존재하는 것이 아냐. 국가와 국가 사이에는 눈에 보이지 않지만 훨씬 치열하고 밀접한 권력관계가 얽혀 있지. 이를 잘 보여 주는 사건이 아마 여러분도 한번쯤 들어 보았을, 고려 시대에 있었던 '서희의 외교 담판'이야.

고려는 전통적으로 송나라와 외교 관계를 맺고 북방 민족인 거란과는 교류를 거부하고 있었어. 송나라와 거란이 대립하고 있던 상황이기도 했고, 거란이 발해를 멸망시켰는데 이 발해의 유민들이 고려에 흡수되었기 때문에 거란과 친하게 지내는 것은 어려운 일이었어. 그런데 거란의 세력이 점점 커지더니 '요 나라'를 세우고 북쪽 지역을 모두 평정해. 그 후 993년에는 급기야 거란의 장군 소손녕이 80만의 대군을 이끌고 고려로 쳐들어와서 고려군을 깨뜨리고는 당장 항복하라고 윽박지르는 상황까지 벌어져. 이런 대군과 싸워 이길 가능성이 없다고 생각했던 고려 조정은 크게 당황해서 우왕좌왕했어. 빨리 항복하자, 땅도 떼어 주자 등등 혼란스러운 주장들이 엇갈리게 돼.

하지만 사신으로 중국을 오가면서 얻은 경험을 바탕으로 국제 정세를 넓게 볼 줄 알았던 서희는 달랐어. 소손녕의 진정한 목적은 고려를 점령하는 것이 아니라 고려와 관계를 개선하는 것이라는 점을 간파해. 당시 거란은 송나라와 전쟁을 앞두고 있었기 때문에 고려가 배후를 치지 못하도록 해야 했어. 그래서 서희는 직접 외교 담판에 나서서는 소손녕에게 당신네 속셈을 다 안다, 송나라하고 관계를 끊고 거란을 뒤에서 공격하지 않겠다고 약속해 줄 수도 있는데 그러려면 우리한테도 뭔가 선물을 줘야 하지 않냐며 역으로 압박을 가해. 결국 고려는 항복을 하거나 땅을 떼어 주기는커녕 오히려 강동 6주의 땅을 더 받아 오는 조건으로 거란군을 돌려보낼 수 있었어. **국제 관계를 이해하는 통찰력이 한 나라의 운명을 정반대로 바꿔 놓은 사건이었지.**

우리가 잘 몰라서 그렇지 과거에도 지금에도 국제 관계에서 이런 일들은 보이지 않는 곳에서 수시로 일어나고 있어. 독일의 거리에 놓였던 '평화의 소녀상'을 둘러싸고 벌어졌던 우리나라와 일본의 대결은 '총성 없는 전쟁'이었다 해도 부족함이 없을 정도야.

2020년 9월 25일, 독일 베를린시 미테구에 있는 한 교차로에 우리나라 '위안부' 할머니들의 고통을 기억하는 '평화의 소녀상'이 설치돼. 위안부 문제를 세계적으로 알리려는 한국계 시민 단체가 노력한 결과 약 1년간 한시적으로 설치하기로 한 거였어. 사실 그리 번화하지 않은 도로의 한구석이라서 사람들의 주목을 받기는 어려웠지만, 미국에 이어 독일의 수도 베를린에도 평화의 소녀상이 설치된다는 점에서 상징적인 의미가 있는 일이었어.

그런데 설치 후 불과 열흘 정도가 지난 10월 7일, 갑자기 미테구는 이 소녀상을 철거하라는 공문을 보내. 우리 시민 단체 입장에서는 이 무슨 마른하늘에 날벼락 같은 일인가 싶어 당황했지. 알고 보니 그 뒤에는 일본의 은밀하고도 광범위한 정치 외교적 작업들이 개입되어 있었어. 일본, 특히 보수 우익 세력의 입장에서는 소녀상을 통해 자신들의 전쟁 범죄가 널리 알려지는 것이 매우 불편한 일이었기 때문에 외무 장관이 직접 나서서 독일 외무 장관에게 전화하는 등 정부 차원에서 철거 요청을 했다고 해. 그리고 독일은 지방 자치 단체의 권한이 강하다는 점에 착안해서 미테구 담당자를 직접 압박했어. 평화의 소녀상은 한국과 일본 사이에 논쟁이 심한 사안이다, 미테구가 한국 편만 들면 국제 외교 문제가 된다, 당신네 외무 장관도 우리 주장이 옳다고 인정해 줬다, 당신 감당할 수 있겠나 이러면서 막 몰아붙였지. 그러니까 미테구 입장에서는 괜히 골치 아픈 문제에 끼어들면 안 되겠다 싶어서 당장 철거하라고 공문을 보낸 거야. 당시 일본은 자신들이 국제 정치에서 승리를 거두었다고 자축하는 분위기였다고 해.

만약 여기서 우리가 일본과 똑같이, 정부 차원에서 들이받았다면? 일본 말대로 '국가 대 국가'의 힘겨루기가 되니까 미테구로서는 어떻게든 그런 상황을 피하기 위해 소녀상 철거를 강행할 수밖에 없었을 거야. 그럼 그대로 소녀상은 철거되었을까?

우리 시민 단체는 현명하게도 정부에 달려가는 대신 민간 차원에서 독일의 양심을 일깨우는 방향으로

대응해. 소녀상이 고통받은 위안부 여성들을 기억하는 상징물이라는 점을 널리 알리면서, 역시 2차 대전에서 큰 잘못을 저질렀던 독일인들이 이 문제를 외면하면 안 된다고 호소했지. 독일인들 입장에서는 소녀상이 단순한 미술품이 아니라 2차 대전과 관련된, 마치 자신들이 했던 유대인 학살과 같은 범죄처럼 식민지 여성들에게 가해진 폭력에 관한 기념비라는 점을 알게 되면 일본의 편을 들어줄 수는 없지 않겠어?

독일 시민들이 자발적으로 소녀상을 지키기 위한 시위를 벌이기 시작했어. 정치인들에게 편지를 보내는 움직임도 생겨났고, 심지어 슈뢰더 전 총리가 공개적으로 나서서 철거에 항의하는 편지를 미테구에 전달했어. 베를린 시장, 미테구 구청장 모두 진보 정당 소속이었기 때문에 무슨 일이 벌어진 것인지 알게 되자 자신들이 실수했다는 점을 깨닫게 되었지. 여기에 독일 예술가 협회까지 항의 성명을 발표하자 미테구는 일단 철거를 중지하고 법원의 판단을 기다리기로 했어.

하지만 비판 여론은 마치 들불처럼 더 커져 가기만 했고 결국 법원의 판단과 상관없이 미테구 의회에서 직접 이 문제를 표결에 부쳐서는 철거 반대 결의안을 압도적인 찬성으로 통과시켜. 여기서 더 나아가 원래 1년으로 예정되어 있던 설치 기간을 폐지하고 소녀상을 영원히 그 자리에 두기로 하는 파격적인 결정까지 내려졌어.

이 사건이 연일 언론에 보도되면서 일본군 위안부 문제를 잘 몰랐던 독일인들이 그 심각성에 큰 관심을 갖게 되었다고 해. 일본 입장에서는 혹 떼려다가 혹을 열 개쯤 더 붙이게 된 셈이지.

이런 국제 관계의 속성과 행위자들에 관해 배우는 학문이 바로 국제 정치학이야. 역시 사회 과목의 중요한 한 분야지. 앞으로 사회를 열심히 배운다면 여러분 중에 서희처럼 또 한번 우리나라를 위기에서 구출할 영웅이 등장하게 될지도 몰라. 우아, 기대되네!

사회를 움직이는 이상한 힘을 쫓는 여행, 사회학

4

"열 길 물속은 알아도 한 길 사람 속은 모른다."
라는 속담 들어 봤니? 이 속담은 자연 과학과 인문학의 차이를
보여 주는 속담이라고 볼 수도 있어. 사람 키의 열 배가 넘는 물
속이라 해도 과학적으로 접근하면 깊이를 재고, 거기에 어떤 식
물과 물고기 들이 살고 있는지 관찰하고 연구해서 파악하는 것
이 얼마든지 가능하잖아. **그런데 사람의 마음이란 것은 참으로 오묘해서
고작 한 길 깊이도 이해하기가 참 힘들어.**

아마 여러분은 엄마, 아빠가 도대체 왜 이렇게 나를 못살게
하시나, 왜 내가 힘들다는 것을 이해 못 하실까 답답했던 적이

있을 거야. 아니, 그 전에 청소년기는 여러분 자신도 내 마음이 왜 이러는지, 왜 생각과 행동이 따로인 것 같은지 스스로도 이해가 안 되는 시기이기도 하지. 내 마음도 잘 모르겠는데 다른 사람의 마음, 그것도 많은 사람의 마음이 모여 만들어진 사회의 변화를 파악하기란 얼마나 어려운 일이겠어?

이렇다 보니 예전에는 모든 학문 중 가장 중요한 학문이 철학을 비롯한 인문학이었던 시절이 있었어. 하지만 서양에서 과학의 발전이 본격화된 15, 16세기 이후 점점 그 관계가 역전되었지. 그러더니 19, 20세기에 와서는 과학만이 확실하고 정확한 사실을 알려 주는 학문이고, 사람에 관한 연구를 하는 인문학은 수천 년 전의 수준을 벗어나지 못하고 계속 제자리걸음만 하고 있다고 비판하는 사람들이 늘어났어. 그래서 사회를 연구하는 사람들 중에도 과학처럼 실험, 통계, 숫자를 바탕으로 한 객관적인 연구 방법을 동원해서 좀 더 엄밀한 학문 체계를 갖추자고 주장하는 이들이 생겨났어. 프랑스 학자 오귀스트 콩트가 이런 주장을 강하게 펴면서 '사회+과학'이라는 의미로 '사회 과학'이라는 표현이 생겨났고 그 결과 새로이 등장한 학문이 바로 '사회학'이야.

사람을 어떻게 실험, 통계, 숫자로 연구할 수가 있냐고? 사회학이 탄생하던

시점에도 많은 사람이 그런 질문을 던졌어. 사회 과학이란 불가능한 것 아닌가 하는 회의적인 시각도 많았어. 이런 우려를 덮고 과학적 방법을 통한 사회학의 가능성을 보여 준 대표적인 학자가 있지. 바로 프랑스의 에밀 뒤르켐이야.

그는 사람들의 자살 문제에 관심을 가졌어. 한번 물어볼까? 사람들이 자살하는 것은 개인적인 이유 때문일까, 사회적인 이유 때문일까? 생을 포기하는 극단적인 선택을 할 만큼 힘든 사람들은 사업에 실패했든지 애인과 헤어졌든지 우울증에 시달렸든지 어쨌든 각자 다른 이유가 있을 거야. 그래서 자살은 개인적인, 혹은 예외적인 사건이라고 생각하는 경우가 일반적이지.

그런데 뒤르켐이 그 당시 19세기에 자살한 사람들에 대한 정부 기록을 잔뜩 모아서 이를 통계적으로 분석해 보니까 신기하게도 일정한 패턴이 보이더라는 거야. 여성보다 남성이, 가톨릭 신자보다 개신교인이, 가난한 사람보다는 부자가, 기혼자보다는 미혼자가 자살할 가능성이 높았대. 또 자살률이 전쟁 시에는 낮아지고 경제적 변화가 있거나 불안정한 시기에는 높아졌대. 어, 이 발견을 자세히 들여다보면 좀 이상하다는 생각이 들지 않아?

사회적으로 오랫동안 차별받아 온 여성보다 오히려 강자의

입장에 있던 남성이, 형편이 어려운 사람보다 부자가, 가족들을 부양하느라 힘든 기혼자보다 혼자 자유롭게 살아가는 미혼자가 더 많이 자살하다니, 심지어 생활이 극단적으로 어려워지는 전쟁 시기에 오히려 자살이 줄어든다니 뭔가 상식하고 맞지 않잖아.

뒤르켐은 이런 발견을 바탕으로 이 각각의 사실들을 한꺼번에 설명해 줄 수 있는 공통된 요인이 뭘까 연구를 거듭했어. 그끝에 개인의 바깥에 있는 사회의 힘이 작동하고 있다고 결론을 내리고는 그 요소로 '사회 통합'과 '사회 규제'라는 두 가지를 제시해. 즉 가족이나 사회에 대한 소속감이나 통합 수준이 낮은 사람들이, 또 사회적 규범으로 인한 규제로부터 자유로운 사람들이 더 많이 자살한다는 거지. 실제로 이 두 가지 기준으로 보면 위의 현상들이 모두 설명이 돼. 더 나아가서 뒤르켐은 이 두가지 요소를 바탕으로 자살의 네 가지 유형을 만들어 내기도 했어. 우아, 대단하지 않니?

사회학은 바로 이렇게 도저히 이해하거나 설명하기 어려울 것 같은 사회 현상들을 과학적으로 관찰하고 연구하는 학문이야. 그래서 사회 과목에서는 사회 현상을 연구하는 양적인 방법이나 질적인 방법, 사회를 하나의 생명체처럼 이해할지 아니면 기계처럼 이해할지, 범죄나 일탈은 왜 발생하는 것인지 등 다양한 내용들을 배우게 돼.

예를 들어 어떤 아이가 갑자기 불량 학생이 되면 부모님들이 "아유, 우리 애는 '너어무' 착한데 나쁜 친구를 잘못 사귀어서 그렇게 된 거야."라고 말씀하시는 경우가 많잖아. 사회학에서는 이런 주장을 '차별 교제 이론'이라고 불러. 사람은 일탈하는 사람과 접촉하면서 일탈을 시작하게 된다는 이론이야. 그냥 흔하게 하는 소리인 줄 알았는데 이에 관해 정식 이론도 나와 있다니, 사회학은 참 별걸 다 연구하지?

과연 부모님 말씀대로 나쁜 친구와 어울린 게 문제였을까? 아니면 평범한 학생이 불량 학생이 되는 데는 다른 더 큰 이유가 있는 걸까? 궁금하지? 사회 수업에서 그 답을 한번 찾아봐.

세상을 돌고 돌게 하는 돈 이야기, 경제학

5

이야기가 종횡무진, 좌충우돌하니까 좀 정신이 없지? 이 책을 여기까지 열심히 읽어 준 보답으로 짜잔, 선생님이 아주 중요한 정보를 하나 알려 줄게. 뭐냐면 바로바로, '앉아서 돈 버는 법!' 기대되지?

자, 이 책을 펼쳐 놓고 지금 당장이라도 할 수 있는 방법이니까 빨리 거실로 나가서 동생이든 형이든 언니든 아무나 한 명 데리고 와. 동생이 왔다고 치자. 그러면 용돈 지갑에서 1만 원짜리 한 장을 뽑아 들고 둘이 마주 앉는 거야. 그다음 "자, 내가 1만 원 빌려줄게." 하고 동생한테 줘. 그러면 동생은 그 돈을 받아 들고 다시 "나도 1만 원 빌려줄게."라고 하면서 돌려주는 거지. 중요한 것이 있는데, 이때 절대로 "좀 전에 빌려 간 만 원 갚을게."라고 말하면 안 돼. 계속해서 "빌려줄게."라고만 하면서 둘이 돈을 주고받는 거야. 그럼 금세 둘 다 부자가 될 수 있어.

잘 생각해 봐. 맨 처음에는 두 사람 사이에 1만 원밖에 없었잖아. 그런데 동생에게 1만 원을 빌려주면 여러분한테는 받을 돈 1만 원, 동생에게는 현금 1만 원, 이렇게 총 2만 원이 생기는 거야. 다시 동생이 여러분에게 돈을 빌려주면 여러분에게는 현금 1만 원과 받을 돈 1만 원, 동생에게는 받을 돈 1만 원, 다 해서 3만 원이 생기는 거고.

'그게 뭐야? 선생님, 어디 아프세요?' 하는 생각이 들지? 하지만 이렇게 말장난 같은 일을 경제학에서는 '신용 창출'이라고 해. **실제로 경제는 이렇게 돈이 돌고 돌수록 더 활성화된다니까.** 예전에 경제학에 대한 관념이 없던 시대에는 그냥 열심히 돈을 벌고 그 돈을 안 쓰고 모으기만 하면 부자가 된다고 생각했어. 하지만 그러면 개인의 자산은 늘어날지 몰라도 사회 전체의 차원에서 보면 돈이 돌지 않아 경제 활동이 위축되기 때문에 오히려 가난해지게 돼. 그래서 조선 후기의 실학자들은 이런 경제의 속성을 우물에 비유해서, 우물은 퍼서 쓸수록 더 많은 물이 솟아나지만, 반대로 아끼겠다고 쓰지 않고 그대로 두면 말라붙어 버린다고 설명하기도 했어. 국가적으로 근검절약만 강조할 것이 아니라 반대로 소비를 적절히 하도록 장려할 필요가 있다는 거지.

그런데 앞의 '앉아서 돈 벌기' 얘기에서 만약 한 사람이라도 재미가 없다고 생각해서 "이제 내 돈 돌려줘."라고 말하는 순간 어떻게 될까? 그동안 만들어졌던 수십만 원의 돈이 물거품처럼 사라져서 도로 1만 원이 되어 버리겠지? 또는 소비를 장려한다고 도박이나 유흥, 사치품에 흥청망청 돈을 쓰게 한다면 국가 경제가 좋아질 리 없지 않겠어?

그러니까 적절한 시점에, 창출한 신용을 바탕으로 실제 사업을 일으키거나 소비가 생산 활동을 촉진하는 방향으로 흘러가지 않는다면 그 사회의 경제는 무너지게 돼. 경제란 마치 살아 있는 생물과 같아서 잘 살피고 올바르게 흘러가도록 물꼬를 터 주는 노력을 세심하게 기울여야 해. **이렇게 돈과 경제에 관한 여러 가지 내용을 배우는 학문이 '경제학'이야.**

유교 문화의 영향이 남아 있는 우리나라에서는 돈에 관한 이야기를 하는 것을 뭔가 천박하고 부끄럽게 느끼는 사람들이 여전히 적지 않지. 하지만 사실 따지고 보면 돈은 가치를 측정하고, 축적하고, 교환하게 만들어 주는 수단이니 결국 우리가

사회에서 뭔가 가치 있는 일을 하려고 한다면 그건 크든 작든 돈과 관련된 일일 수밖에 없어. 오히려 경제에 관해 잘 모르거나 잘못된 지식을 가질 경우, 나 자신뿐 아니라 사회 전체에 커다란 손해를 입힐 수 있지.

예를 들어 예전에는 주식에 투자하는 것을 일하지 않고 쉽게 돈을 벌려고 한다고 생각해서 도박과 마찬가지로 부정적으로 본 사람들이 많았어. 하지만 경제에 대한 지식을 갖추고 나서 바라보면 기업이 더 큰 자본을 유치해서 성장 동력을 만들어 낼 수 있도록 하는 주식 투자는 기업에나 투자자에게나 모두에게 도움을 주는 생산적인 활동이 될 수 있어. 카지노나 경마 같은 도박과는 완전히 성질이 다르다고 할 수 있지.

앞으로 여러분이 직업을 갖고 생활을 꾸려 나가는 과정에서 반드시 돈과 관련된 문제들에 부딪치게 될 거야. 내가 일하고 노력한 만큼의 가치를 돌려받으려면, 더 나아가 우리 사회의 모든 곳에 모세 혈관처럼 구석구석 연결되어 있는 경제 현상들을 이해하고 그 안에서 살아가려면 사회 과목에서 배우는 경제학 지식들은 필수적이라고 할 수 있어. 아는 만큼 보인다, 아니 아는 만큼 돈을 번다 이런 말씀!

인간에 대한 새로운 이해, 문화 인류학

6

사람들이 모여 사회를 구성하게 되면 새롭게 등장하는 재밌는 현상 중 하나가 '문화'야. 가만히 들여다보면 '문화'라는 말 자체가 참 재밌는 의미를 담고 있어. 문화가 영어로 culture(컬처)라는 건 알고 있지? culture는 '경작하다'(cultivate)에서 온 말이야.

사람이 열심히 경작해서 만든 논과 밭이 그냥 들판과 다른 점은 뭘까? 네모반듯하게 다듬어진 땅의 모양과, 그 안에 가지런히 만들어진 이랑과 고랑의 존재일 거야. **즉, 문화란 사람의 힘이 가해져서 무언가가 더 정리되고 나은 것으로 바뀐 것을 의미해.** '문화 시민이

됩시다'라는 말에는 '문화'가 더 발전되고 좋은 것을 의미한다는 생각이 들어 있는 셈이지.

하지만 꼭 더 나은 것이 아니더라도 '규칙성'을 띠고 있는 것은 문화적 성격을 지니게 돼. 논과 밭의 또 다른 특징은 그것이 좋은 것이든 나쁜 것이든 일정한 패턴으로 만들어져 있다는 것이거든. 한번 시험 삼아 해 볼 수도 있어. 내일부터 학교에서 고개를 15도 정도 왼쪽으로 꺾고서 걸어 다녀 봐. 처음에는 친구들이 "야, 너 어디 아프냐? 그게 뭐야? 하나도 안 멋있어. 콘셉트 잡는 거야?" 하면서 놀리겠지만 혹시라도 '저렇게 고개를 갸우뚱하고 다니니까 의외로 분위기 있고 멋있는데?' 하고 생각한 친구들이 있어서 따라 하다가 반 친구들이 다 그러고 다니게 되면 상황이 좀 달라질 거야. 더 나아가서 여러분 학교 학생 전체 혹은 우리나라 중학교 2학년들이 다 그러고 다니면 '15도 꺾기'는 하나의 '문화'로 받아들여질지도 몰라.

'선생님, 또 농담하시는 거죠?'라고 생각하겠지만 가만히 우리 주변을 둘러봐. 이런 경우는 은근히 많아. 남자 어른들이 하고 다니는 넥타이에 도대체 무슨 기능이 있겠니? 그냥 사람들이 넥타이를 해야 옷을 격식에 맞게 차려입었다고 생각하니까 하고 다니는 것 아니겠어? 문화는 이렇게 그냥 우연히 발생한

차이가 각 사회에 따라 하나의 패턴으로 자리 잡은 것일 수도 있어. **그러니 우리가 다른 문화권에 사는 사람들을 잘 이해하고 받아들이려면 그 사회의 문화를 이해하고 수용하는 태도를 길러야 해.** 이런 취지에서 등장한 학문이 바로 '문화 인류학'이야.

대표적인 사례로 유명한 문화 인류학자인 루스 베네딕트가 쓴 『국화와 칼』이라는 책 이야기를 들려줄게. 특이하게도 이 책은 루스 베네딕트가 개인적으로 관심이 생겨서 연구를 한 뒤 쓴 것이 아니라 미국 정부 차원의 연구 의뢰를 받아 쓰게 된 책이야. 미국 정부는 왜 갑자기 문화 인류학자를 찾았을까?

2차 대전에서 미국은 유럽 전선에서는 독일을, 태평양 전선에서는 일본을 상대로 동시에 전쟁을 벌이게 되었어. 그런데 독일은 그래도 같은 서구권의 사람들이니까 이해가 어렵지 않았는데 일본은 도무지 이해가 안 되는 거야. 전쟁 전까지만 해도 아주 평화롭고 순응적인 사람들이라고만 생각했는데, 막상 전쟁이 시작되고 보니 먼저 진주만을 공격하고 정복지에서 학살을 행하는 등 끔찍한 일을 벌였거든. 게다가 전투 중에도 위급한 상황이 닥치면 항복을 하면 될 텐데 '천황 폐하 만세'를 외치며 기관총 앞으로 돌격한다든가 심지어 동굴 안에서 다 같이 자살하는 등 도저히 이성적으로 이해가 되지 않는 행동들을 해서 당황스러웠지. 특히 횃불을 향해 달려드는 불나방처럼, 폭탄을 실은 비행기를 몰고 자살 공격을 하는 '가미카제'는 깊은 공포감을 심어 주었어. 앞으로 전쟁이 미국의 승리로 끝난다 해도 일본을 대체 어떻게 다루어야 할지 두렵게 만든 거야.

그래서 1944년 6월, 미국 국무부는 이런 다른 문화권에 대한 연구는 문화 인류학자에게 맡겨야 한다는 전문가들의 조언에 따라 루스 베네딕트에게 연구를 의뢰했어. 그 결과 출간된 『국화와 칼』에서 베네딕트는 일본의 역사와 생활을 바탕으로 그 이면에 있는 일본인들의 사고방식, 생각의 패턴을 분석했어. 그러면서 일본인들이 평화와 아름다움(국화)을 사랑하면서도 동시에 전쟁과 무력(칼)을 숭배하는 이중적인 태도를 보이는 이유를 상세하게 설명했어. **결국 이 책을 통해 서양인들은 일본을 이해하는 데 큰 도움을 받을 수 있었어.** 또 미국 정부에서 전쟁 후 일본을 민주 국가로 국제 사회에 복귀시키는 데에 이 책이 길잡이 역할을 하게 돼. 그래서 『국화와 칼』은 문화 인류학의 가치를 널리 알린 명저로 남게 되었지.

사회 과목을 구성하는 여러 학문 분야 가운데 학생들이 가장 재미있어하는 부분도 바로 이 문화 인류학에 관련된 부분이야. 문화 현상에는 정말 흥미로운 것이 많거든. 고등학교에 가

면 배우게 될 과목 중에 문화 인류학이 많이 담긴 '사회 문화'
가 있는데, 이 과목에서는 문화가 어떻게 탄생하고, 변동하고,
다른 문화권에 영향을 주는지 다루고 있어. 이런 내용들이 결국
현재 우리가 살고 있는 사회의 문화가 어떻게 만들어졌고 또 어
떻게 변화해 나갈 것인지 이해하는 데 크게 도움이 돼. 대중문
화, 대중 사회를 다루는 부분에서 '고독한 군중' 같은 개념을 배
우면 '아, 그래서 내가 학교에서 많은 친구에게 둘러싸여 있으
면서도 늘 외롭다고 느꼈구나.' 하고 깨닫게 되기도 할 거야.

　그래서 고등학교 '사회 문화' 과목은 사회 과목 중 가장 많은
학생이 선택하는 과목이기도 하지. 앞서 이야기한 사회학과 연
결되는 부분도 많으니까 함께 공부해 보면 아주 흥미로울 거야.

7

세상을 구성하는 숨어 있는 뼈대, 법학

앞서 여러 학문 분야를 소개했는데, 그래도 사회 과목을 구성하는 여러 학문 가운데 가장 중요하고 '메가 킹 왕 짱' 재밌는 학문은 뭐다? 어허, 대답이 곧바로 안 나오네. 당연히 법학이지! 왜냐고? 바로 선생님이 전공하고 있는 과목이 법교육……이기 때문은 아니고, 흠…… 법은 우리 실생활과 가장 밀접하게 연관되어 있기 때문이야. 배우는 내용들이 그대로 피가 되고 살이 되는 것을 느낄 수 있거든.

이런 얘기를 하면 "와, 너무 편파적이시네요. 법은 어렵고 복잡해서 뭐가 뭔지 모르겠던데요. 착하게 살면 경찰에 체포될 일도 없고 재판을 받을 일도 없을 테니 사실 우리하고는 별로 상관없는 내용 아닌가요?"라고 말하는 친구들이 많은데 그건 법을 잘 모르고 하는 말이야. **우리가 매일매일 살아가는 일은 하나하나 모두 법과 관련되어 있거든.**

예를 들어 문방구에 가서 천 원짜리 '포켓몬' 카드를 사는 것도 법률적 행위야. "에이, 그냥 돈 주고 사면 되는 건데 그게 법과 무슨 관련이 있어요?" 하는 소리가 또 들리는 것 같네. 잘 들어 봐. 아주 어렵게 얘기해 줄게. 개인과 개인 간에 물건을 사고파는 일은 민법과 관련이 있어.

여러분이 문방구 주인아주머니에게 "포켓몬 카드 한 팩 주세요."라고 말하는 것은 민법상 '청약'에 해당해. 아주머니가 돈을 받으면서 "그래."라고 하시면 청약에 대한 '승낙'이 이루어진 거야. 청약과 승낙이 이루어지면 법적으로 '계약'이 성립하게 돼. 그럼 아주머니는 계약의 조건을 이행하기 위해 포켓몬 카드 한 팩을 여러분에게 넘겨줘야 하는 '채무'를 지게 되고, 여러분은 그에 대한 반대급부로 천 원을 드려야 해. 양쪽 모두에 계약 이행의 의무가 발생하게 되는 거지.

만약 아주머니가 돈만 받고 "아이고, 어쩌나, 카드가 다 팔렸네. 나중에 들어오면 줄 테니까 그냥 가."라고 하신다거나 여러분이 카드를 받고 "지금 돈이 없으니까 다음에 드릴게요. 안녕히 계세요." 하고 가 버린다면 계약의 위반 또는 불이행이 발생한 거지. 이 경우 상대방은 계약의 의무 이행을 요구할 수 있는 권리를 갖게 돼. 여기에 상대방이 응하지 않으면 자신의 권리를 지킬 수 있도록 국가가 개입해 달라고 요청하는 것도 가능해. 즉, 경찰에 도움을 요청하거나 민법에 의거한 민사 재판을 통해 권리를 실현할 수 있어.

좀 거창하게 말하다 보니까 포켓몬 카드로 민사 재판까지 가게 되었는데 사실 우리 삶의 모든 부분은 다 이런 법률적 관계들로 구성되어 있어. 당장 냉장고에 가서 포장되어 있는 아무 식품이나 꺼내 들고 포장지를 잘 살펴봐. 어떤 것이든 유통 기한, 영양 성분 같은 정보가 세세하게 적혀 있을 거야. 평소에 주의 깊게 보지 않았다면 그냥 '기업에서 포장지에 딱히 채울 것이 없어서 썼나 보다.' 했겠지만 잘 생각해 보면 이런 정보들은 기업 입장에서는 가능하면 숨기고 싶은 내용들이야. 유통 기한이 잘 보이는 곳에 적혀 있으면, 그 날짜를 하루라도 넘겼을 때 금세 알게 되어서 제품을 폐기해야 하잖아. 또 아무리 맛있게 보이는 아이스크림이라도 영양 성분표에 비만의 원인이 되는 성분이 잔뜩 표시되어 있으면 사람들이 사고 싶겠어?

달리 말하자면 이런 정보들은 법으로 반드시 표시하도록 강제하기 때문에 적혀 있는 거야. 책상 모서리가 다치지 않도록 둥글게 가공된 것도, 어린아이들이 빨고 물기 쉬운 장난감이 인체에 해가 없는 재료로 만들어지는 것도 모두 법과 관련되어 있지. **이렇게 사람을 보호하는 법들을 세세하게 만들어 놓았기 때문에 우리는 더 안전하게, 안심하고 일상생활을 할 수 있어.** 결국 현대 사회에서 우리의 삶은 보이지 않는 곳에 숨어 있는 법이라는 뼈대에 의해 만들어지고 지탱되는 것이라 해도 과언이 아니야.

그래서 법을 배우면 배울수록 세상을 새로운 눈으로 바라보게 돼. 가을이 되면 나무에 매달려 있던 잎들이 낙엽이 되어 떨어지잖아. 그러면 사람들은 보통 '아, 이제 가을이 왔나 봐. 한 해가 또 가네. 쓸쓸하다. 세월이 참 빨라.' 뭐 이런 생각을 하는데 법학을 배우는 학생들은 '이야, 부동산이 동산이 됐네.'라고 생각한대. 부동산은 '움직이지 않는 재산' 그러니까 땅이나 집 같은 것인데 나무도 땅 위에 고정되어 있기 때문에 법적으로는 부동산으로 보거든. 이에 비해 '동산'은 가지고 다닐 수 있거나 움직일 수 있는 재산들을 의미하는데 나뭇잎이 나무에서 분리되는 순간 법적으로는 '동산'으로 변하게 된다는 거지.

이와 비슷한 사례로 머리카락은 사람 몸에 붙어 있으면 '인

체의 일부'로 봐서 법적으로 사고파는 대상이 될 수 없는데 미용실에서 자르는 순간 몸에서 분리되어 '물건'이 되기 때문에 가발을 만드는 회사에 판매할 수 있게 돼. **법의 눈으로 세상을 보니 신기하지?**

법을 알면 세상을 이해할 수 있고, 또 세상 속에서 나의 권리, 우리의 권리를 지키는 법을 알게 돼. 어렵고 복잡해 보인다고 피하지 말고 일단 공부해 보면 정말 재밌고 유익한 과목이구나 생각하게 될 거야. 아는 만큼 보이는 것이 바로 '법'이라고 할 수 있지.

2부

사회의 쓸모를 물으신다면

이제 사회 과목이 뭔지, 어떤 내용들로 구성되어 있는지 잘 알겠지?
그런데 머리가 더 복잡해졌다고? 내용이 꽤 많아 보이는데
이 많은 것을 다 배워 봐야 인생에 무슨 도움이 되겠냐고?
모르는 소리! 사회 과목에서 배우는 내용들이 얼마나 여기저기 쓸모가 많은데.
아마 학교에서 배우는 모든 과목 가운데 가장 쓸모 있는 과목이 바로 사회일걸.
못 믿겠다고? 좋아, 그럼 이제부터 사회를 배워서 어디에 쓸 수 있는지
백만 스물한 가지 중에 딱 아홉 가지만 골라서 얘기해 줄게.

바닷속
보물을 가져오려면

'인생 역전'이라는 말 알아? 마치 야구 경기에서 9회 말 2아웃의 마지막 순간에 '따악', 만루 홈런을 쳐서 경기를 뒤집는 것처럼 어떤 사람의 인생이 한 방에 바뀌는 기적적인 일을 말하지. 그런데 인생이 이렇게 야구 경기처럼 극적으로 뒤바뀌는 일이 정말 가능할까? 소설 속에서라면 알라딘처럼 마법 램프를 발견하는 순간 바로 인생 역전이 될 테고, 현실에서라면 복권에 당첨되어 엄청난 상금을 받는 것을 기대해 볼 수 있겠지. 하지만 그게 어디 쉬운 일이야? 아마 평범한 사람들에게 찾아오는 행운이란, 길을 걷다가 돈을 줍는 일 정도일 거야.

하지만 여러분이 정말로 길을 가다가 바닥에 떨어진 돈을 발견하고는, 아무 생각 없이 "우아, 오늘 진짜 재수 좋다!" 하고 덥석 돈을 주웠다가는 오히려 그 일이 심각한 불행의 시작이 될 수 있어. 바닥에 떨어져 있는 돈, 지갑 혹은 벤치에 놓여 있는 휴대폰 같은 물건들에도 당연히 원래 주인이 있을 것 아니겠어? **이런 물건들은 움직일 수 있는 재산이라서 '동산'으로 분류되는데, 동산을 원래 주인이 가지고 있는 상태를 '점유'라고 불러.** 그런데 원래 주인의 손에서 실수로 빠져나간 상태니까 법적으로는 이 물건들을 점유에서 벗어난 물건, '점유 이탈물'이라고 하거든.

만약 여러분이 이 물건들을 가져간다면 다른 사람의 물건을 보관하면서 안 돌려주는 일, 즉 법적으로 '횡령'을 저지른 것이 돼. 길에서 주운 물건을 그냥 가져가면 형법상 '점유 이탈물 횡령죄'가 되는 거야. "오 예!" 하고 물건을 가져갔다간 범죄자로 처벌을 받을 수도 있다는 얘기야. 얼마나 무서운 일이야!

이럴 때는 주운 물건을 경찰서에 가져가서 신고를 해야 해. 그러면 경찰에서 보관하고 있다가 주인이 찾아갈 때 주인에게 적절한 사례를 받을 수도 있어. 만약 끝까지 주인이 찾아가지 않으면 그때는 주운 사람에게 넘겨주기도 해. **이런 법적 내용과 절차를 잘 알고 있어야 길에서 주운 돈이 '진짜 행운'이 되겠지.**

하지만 우리의 꿈이 이 정도에 머무른다면 조금 아쉽겠지? 스케일을 확 키워서 해적의 보물을 발견한다면 어떨까? 소설 『보물섬』에 나오는 것처럼 금은보화가 산처럼 쌓여 있는 보물 상자를 발견한다면 복권 정도가 문제가 아니겠지? 몇백억? 몇천억? 아유, 스케일이 너무 작으세요.

1981년 미국 수중 탐사 업체인 시서치아르마다(SSA)가 바닷속에 가라앉은 배에서 보물을 발견했는데, 그 보물은 자그마치 약 170억 달러, 우리 돈으로 무려 약 19조 원에 해당하는 어마어마한 가치가 있었어. 2017년 기준으로 북한의 1년 예산이 3조 6000억 원 정도 됐으니까 북한의 6년치 예산에 버금가는 돈이지. 상상이 안 가는 수준이지? 자, 그럼 이 탐사 업체의 직원들은 엄청난 벼락부자가 됐을까?

앞의 이야기를 잘 읽은 학생이라면 이 바닷속 보물에도 원래 주인이 있다는 것을 신경 쓰고 있었을 거야. 그 주인은 누구일까? 이 보물을 실은 배는 스페인 군함 산호세호인데 1708년 산호세호는 콜롬비아의 카르타헤나에서 출항하다가 영국 해군의 공격을 받고 침몰한 거였어. 그러니 보물이 발견되었다는 소식이 알려지자 당장 이 배가 가라앉은 바다의 주인인 콜롬비아 정부가 그 보물은 자기네 것이라면서 내놓으라고 해. 여기에 질

세라 배의 주인이었던 스페인 정부도 그 배가 원래 스페인 배니까 당연히 자기네 보물이라고 주장했지. 그런데 스페인 배에 실려 있던 보물은 당시 스페인 군대가 페루에서 약탈한 것이었거든. 그래서 이번엔 페루 정부까지 보물 다툼에 끼어들게 돼.

여러 국가가 끼어들어서 소송전이 벌어지자, 보물의 위치를 파악한 것은 1981년이었는데 30년이 지난 2015년까지도 처음 보물을 찾은 시서치아르마다(SSA)는 한 푼도 건질 수 없었어. 게

다가 이렇게 시간이 질질 늘어지면서 이 사건에 대해 알게 된 유네스코가 갑작스럽게 인양 반대 서한을 발표해. 수백 년 전의 난파선 유적은 문화적 가치가 아주 높은 인류 공동의 유산인데 그깟 보물 건지려다 유적을 훼손하는 사태가 벌어지면 안 된다고 공개적으로 인양 반대를 선언하고 나선 거지. **결국 아무도 보물에 손을 대지 못하는 상태가 되면서 2021년 현재까지도 보물은 세상 구경을 못 하고 바닷속에 잠들어 있는 상황이야.**

세상일이 참 간단하지가 않지? 우리가 사는 세상이란 이렇게나 복잡해. 그러니 그런 복잡한 세상을 현명하게 살아가는 데에는 사회 과목에서 배우는 지식들이 크게 도움이 될 거야. 당장 저 보물을 바닷속에서 건지는 일만 해도, 국제법이란 무엇인지, 나라 간에 갈등이 생겼을 때는 어떻게 해결해야 하는지, 문화유산은 인류에게 어떤 의미가 있고 어떻게 관리해야 하는지, 국제기구는 무슨 일을 하는지 다 알아야 하잖아. 이런 것을 사회 과목에서 배우게 될 거야.

혹시 알아? 여러분이 사회를 열심히 공부하면 언젠가 국제 사회의 얽히고설킨 정치적, 법적 갈등의 실마리를 풀어서 19조 원어치 보물을 건져 올릴 수 있을지도!

멋진 데이트를 시작하는 비결

2

청소년기가 되면 아무래도 이성에 대한 관심이 높아질 수밖에 없잖아. 그럼 이성에게 호감을 사려면 어떻게 해야 할까? 뭐니 뭐니 해도 외모가 중요하지 않겠냐고? 큰 키와 예쁘고 잘생긴 얼굴?

맞는 말이긴 하지만 그건 그냥 시작에 불과해. 외모는 그 사람을 볼 때 눈으로 들어오는 시각 정보에 불과하잖아. **사람과 사람이 만나 '사귄다'는 것은 단지 그 사람의 외모를 감상하는 일에 머무를 수는 없는 것 아니겠어?**

'사귄다'를 조금 건조하게 표현하면 '상호 작용'(interaction)

이라고 할 수 있어. '서로'(inter) 함께하는 '일'(action)에서 가장 빈번하게 일어나는 건 역시 대화일 거야. 그런데 대화는 서로 이야기를 주고, 받는 일이잖아. 오죽하면 우리말에서 대화를 '나눈다'고 표현하겠어? 성공적으로 대화를 나누려면 기술적으로 말을 잘하는 것을 넘어서서 나도 뭔가 말할 내용을 가지고 있고, 또 상대방이 관심을 두는 주제에 대해서도 할 말이 있어야 할 거야. 즉, 아는 만큼 대화도 매끄러워지지.

몇 년 전에 「알쓸신잡」이라는 티브이 프로그램이 큰 인기를 얻은 적이 있었어. 가수, 소설가, 과학자, 정치인 등이 함께 모여 이곳저곳을 다니면서 여러 가지 이야기를 나누는 프로그램이었지. 선생님은 이 프로그램의 제목에 좀 불만이 있었어. '알쓸신잡'이란 '알아 두면 쓸데없는 신비한 잡학 사전'을 줄인 말인데, 무엇이든 알아 두면 다 뼈가 되고 살이 되는 거지 왜 '쓸데없는', '잡학'이라고 비하해서 말하는지 모르겠어.

당장 이 프로그램만 봐도 대단한 연예인들이 출연하는 것도 아니고, 엄청난 사건들이 벌어지는 것도 아닌데 다섯 사람이 앉아서 대화를 나누는 것만으로도 꽤 높은 시청률을 기록했잖아. 다양한 지식이 얼마나 '쓸모 있는' 것인지 증명된 셈이지. 시청률이 높았다는 것은 사람들이 이들의 폭넓은 대화에 깊은 매력을 느꼈다는 의미일 거야. 채널을 고정해 놓고 계속해서 그 얘기들을 듣고 싶었다는 뜻이라고. 흥미로운 얘기를 듣다 보면 그 사람이 멋져 보이고 예뻐 보이고 자꾸 만나고 싶고, 그렇게 정이 들어서 친구가 되고 사귀게 되고 그러는 것 아니겠어?

그러니 중·고등학교에서 배우는 내용들은 여러분이 좋은 학교에 진학하는 데 도움이 될 뿐만 아니라 장기적으로 멋진 데이트를 하고 연애에 성공하는 매력적인 사람이 되는 데도 큰 힘이 될 거야. 그런데 다양한 과목들 중에 역시 가장 도움이 될 과목은 뭐다? 당연히 사회지. 데이트를 하려고 만나서 미적분 얘기로 꽃을 피우긴 어렵지 않겠어? 국어 맞춤법이나 논설문의 기본 구조, 영어 전치사 to의 명사적 용법을 이야기하면서 웃을 일이 얼마나 있겠냐고.

하지만 사회를 열심히 배우면 눈에 보이는 모든 것이 이야깃거리가 될 수 있어. 상식이 풍부한 사람, 교양이 넘치는 사람이 될 수 있거든. 분식집에서 떡볶이 가격이 오른 것을 두고 인플레이션과 경기 변동에 연관해서 얘기할 수도 있고, 건널목에서는 신호등이 가진 사회 규범의 성격에 대해 의견을 물어볼 수도 있잖아. 사람들이 붐비는 거리에서는 우리 사회의 저출산 고령화 경향에 대해 토론할 수도 있고. 입시 제도에 분개하면서 대학을 추첨으로 입학

하도록 정치권에서 논의를 시작할 필요가 있다는 주장으로 서로 강한 유대감을 만들 수도 있을 거야. 물론 너무 잘난 체하거나 유식한 척하는 느낌이 들지 않도록 분위기를 잘 봐 가면서 얘기해야겠지.

매력 있는 사람은 멋진 외모만이 아니라 서로 대화가 잘 통하는 사람, 함께 있으면 즐거운 사람인 것이 당연하지 않겠어. 그러니 데이트에 성공하고 싶다면 사회 공부를 열심히 해 보자고. 뭣들 하시나, 어서 달려가서 사회책 가져오지 않고!

미래를 예측하는 슈퍼 히어로처럼

3

요즘 세계적으로 큰 인기를 끌고 있는 영화의 장르는 슈퍼 히어로물이 아닌가 싶어. 특히 미국 할리우드에서 만든 슈퍼 히어로들이 유명하지. 번쩍거리는 강철 수트를 입고 하늘을 가르는 아이언맨이나 배트모빌을 타고 도시를 누비는 배트맨, 당당하고 카리스마 있는 여성 전사의 모습을 보여 주는 원더우먼과 캡틴 마블을 보면 정말 멋지잖아. 모르긴 해도 여러분 중에 어렸을 때 나중에 크면 슈퍼 히어로가 되고 싶다고 생각한 친구들이 분명히 있을걸?

그런데 지금도 그 꿈을 갖고 있냐고 물어보면, 피식 웃으면서 그건 영화에나 나오는 거지 실제로는 없는 거고, 있다 해도 아무나 될 수 있는 게 아니라고 대답할 거야. 하지만 꿈을 그렇게 서둘러 포기할 필요는 없어. **의외로 가까이에, 생각보다 쉽게 여러분도 슈퍼 히어로가 될 수 있는 길이 있거든. 바로 사회를 공부하면 돼!**

이쯤에서 "어른이 자꾸 애들 놀리면 안 돼요!"라고 화를 내는 친구들도 있을 것 같은데, 성급하게 결론 내리지 말고 선생님 말을 잘 들어 봐. 영화에서 본 여러 슈퍼 히어로 중에 가장 엄청난 능력을 가진 히어로가 누굴까? 한주먹으로 빌딩을 부술 수 있는 힘센 헐크? 눈을 감고도 쏘는 족족 화살을 명중시키는 호크아이? 눈 깜박할 사이에 지구를 일곱 바퀴 반이나 돌 수 있는 슈퍼맨? 다들 엄청난 능력이지만 선생님은 마법사인 '닥터 스트레인지'의 능력, 그중에서도 타임스톤을 이용해서 마음대로 시간 여행을 할 수 있는 능력이 가장 대단하다고 생각해. 미래를 볼 수 있다면 어떤 악당과 싸워도 절대로 지지 않을 테니까!

그런데 히어로들이 총출동하는 작품인 「어벤져스: 인피니티 워」를 보면 이상한 장면이 나와. 닥터 스트레인지가 악의 보스 타노스에게 그 소중한 타임스톤을 순순히 넘겨주는 거야. 왜 그랬을까? 후속 작품을 보면 넘겨준 이유가 이렇다고 해. 타노스와 싸우는 모든 경우의 미래에 닥터 스트레인지가 다 가 봤는

데, 타노스를 이길 방법은 딱 하나밖에 없었대. 타노스에게 타임스톤을 넘겨줘서 그가 절대적인 힘을 갖고 세계를 파괴하도록 한 뒤, 나중에 어벤져스가 타노스를 물리친 후 세계를 다시 원상으로 회복시키는 방법. 그래서 멀리 보고 타임스톤을 넘겨준 거였어. 닥터 스트레인지가 미래를 보는 능력을 갖고 있지 않았다면 어벤져스는 무슨 수를 써도 세계를 지킬 수 없었을 거야.

그럼 미래로 가는 타임스톤이 없는 우리는 어떻게 세계를 지킬 수 있을까?

사회 과목이 바로 타임스톤 비슷한 역할을 할 수 있지. 사회를 공부하면 미래를 조금은 예측할 수 있게 돼. 세계를 촘촘히 연결하고 있는 관계가, 시간에 따른 그 흐름이 이해가 되기 때문이지.

2021년 3월 23일, 대만 에버그린 해운 소속의 초대형 컨테이너선인 에버기븐호가 수에즈 운하를 지나던 중 갑자기 기관 고장을 일으켜서 운하를 통째로 가로막는 사고가 발생했어. 이 뉴스가 처음 보도되었을 때 많은 사람은 '우아, 배 한 척이 운하를 막다니, 신기하다.' 혹은 '뭐, 우리나라 배 아니니까 상관없잖아.' 정도의 단순한 구경거리로 생각했지.

하지만 세상 돌아가는 일에 민감한 어른들은(아마 학교 다닐 때 사회 공부를 열심히 한 사람들일 거야!) 곧장 차를 끌고 주유소로

향했어. 왜 그랬는지 알겠니?

지도를 찾아서 보면 알겠지만 수에즈 운하는 중동의 아라비아반도 옆을 지나 유럽과 아시아를 연결하는 운하야. 그리고 중동 지역은 세계적인 산유국들이 모여 있는 곳이지. 그러니 이쪽 길이 막히면 세계적으로 당장 원유 수급이 어려워지면서 유가가 상승할 거라고 예상한 거지. 실제로 우리나라에서 이 사건을 전후로 석유의 소매가격은 50원 정도 상승해. 자동차에 기름을 가득 채우는 것을 기준으로 한다면 승용차의 경우 5,000원 내외, 대형 트럭의 경우 2만~3만 원 정도를, 이 뉴스를 보고 미래를 예측한 덕분에 아꼈다고 할 수 있지.

"애걔, 겨우 몇만 원 이득 본 것을 가지고 슈퍼 히어로로까지 비교하시다니, 과장이 심한 것 아니에요?"라는 소리가 또 귀에 들리네. 흠, 기다려 봐. **이건 그냥 '평범한' 수준의 예측력을 갖춘 사람들의 이야기고 이보다 훨씬 대단한 예측력을 발휘한 사람들도 있어.** 그런 사람들을 이해하려면 국제법, 국제 무역, 국내 경제에 대한 복합적인 지식이 필요하지만, 최대한 간단하게 설명해 볼게.

앞서 이 배가 대만의 '에버그린' 소속이라고 얘기했지? 에버그린은 세계적으로 유명한 대형 해상 물류 회사야. 그런데 '소속'이라고 애매하게 말한 이유가 있어. 최근 세계적으로 무역이

점점 더 활발해지면서 배의 크기도 점점 커지고 있거든. 이번에 사고가 난 에버기븐호도 수에즈 운하를 간신히 통과할 만큼 엄청나게 큰 메가 컨테이너선이야.

이렇게 큰 배를 덜컥, 샀다가 혹시 화물이 줄어들기라도 하면 큰 손해잖아. 그래서 에버그린은, 이 배를 만들고 소유한 일본 회사에서 일단 빌려서 쓰고 있는 중이었어. 그런데 세계적으로 물류 이동이 날로 늘어나자 에버그린도 큰돈을 들여서 20척 정도의 컨테이너선을 더 만들기로 한 참이었어. 자기들이 직접 만드는 것은 아니고 조선 회사, 그러니까 배를 만드는 회사에 발주를 내려고 하고 있었지. 그래서 세계 여러 조선 회사들이 뛰어들어 치열한 경쟁을 하고 있었거든. 그중에 가장 유력한 회사가 일본의 이마바리 조선소와 우리나라의 삼성중공업이었어.

벌써 뭔가 감이 온 친구들이 있는 모양이네. 사고가 난 에버기븐호를 만든 곳이 어디였을까? 바로 일본 최고의 조선소인 이마바리 조선소였고, 심지어 그 배는 만든 지 불과 2년밖에 안 되는 신품이었어. 그래서 사고가 나기 전까지만 해도 이번 대형 공개 입찰에서 일본이 승리할 거라고 예상하는 사람이 많았어. 그런데 바로 이 타이밍에 손해 배상액만 수천억을 넘어가는, 전 세계를 뒤흔든 유례가 없는 대형 사고가 갑자기 발생한 거야.

여러분이 국제법, 경제 문제에 관심과 지식이 많아서 이런저런 사정들을 다 알고 있는 어른이었다면 수에즈 운하 사고 뉴스를 보자마자 어떻게 행동했을까? 혹시 삼성중공업의 주식을 사러 달려가지는 않았을까? 실제로 그런 어른들이 많았어.

수에즈 운하 사고가 처음 터진 3월 23일은 정말로 식견이 있는 사람들만 움직였기 때문에 주가가 큰 움직임 없이 머무르고 있었어. 그런데 24일, 25일까지 이 일이 길어지니까 그제야 '어, 이 사건이 뭣에 영향을 주려나?' 찾고 생각해 본 사람들이 뒤따라오다가 드디어 26일 사건이 터지게 돼.

사고 때문에 화가 머리끝까지 난 에버그린사에서 빠르게 조선 회사 선정 결과를 발표했어. 워낙 큰 규모의 발주라서 몇 개 회사에 나누어 맡길 거라던 사람들의 예상과 달리, 삼성중공업에 20척 전부, 우리나라 돈으로 자그마치 3조 원이 넘는 주문을 전부 몰아서 줘 버린 거야. 당연히 삼성중공업의 주가는 수직으로 상승하게 돼. 최저 6,000원대였던 주가가 8,000원까지 30% 넘게 폭등해. 이런 모든 상황을 예견하고 26일에 미리 주식을 사 둔 사람들은 큰 이익을 보았겠지?

미래를 예견하는 능력은, 분명히 보통 사람의 능력을 넘어서는 '초능력'이라고 할 수 있어. 이런 능력을 갖춘다면 이를 통해 여러분은 비단 돈을 잘 벌 수 있을 뿐만 아니라 많은 사람에게 도움을 주고 여러분 자신도 더 발전시킬 수 있을 거야.

사람들이 모여서 살아가는 복잡한 관계, 정치와 경제와 문화적 네트워크를 잘 이해하는 능력이 바로 이런 예측을 가능하게 하는 것이니 결국 사회를 배우면 초능력을 갖게 된다고 해도 지나친 과장은 아니지 않을까?

뉴스를
제대로 이해하려면

　대개 집집마다 거실에 티브이가 있잖아. 혹시 어떤 채널을 볼지를 놓고 부모님에게 불만을 가져 본 적 없어? 요즘이야 휴대폰이나 컴퓨터로 유튜브 같은 인터넷 동영상을 보는 일이 쉬워져서 좀 덜하겠지만 선생님이 어렸을 때는 영상 매체를 볼 수 있는 수단은 오로지 티브이뿐이라서 부모님이 재미없는 프로그램을 틀어 놓으면 화가 나고 짜증 나고 그랬어.

　특히 제일 싫은 것이 뉴스였어. 여러분도 그런 경험을 한 적 있지? 도대체 어른들은 왜 그렇게 뉴스를 좋아하는지 몰라, 안 그래? 맨날 똑같은, 뻔하고 심각하기만 한 뉴스를 아침저녁으로 그렇게 놓칠까 봐 안달하며 보시는지 답답하다고 생각해 본 적 있지?

실은 선생님도 어렸을 때는 그렇게 생각했는데 시간이 가면서 조금씩 그 마음이 이해가 되더라고. "에이, 선생님도 어른이 되면서 재미없는 사람이 된 거 아니에요?" 윽! 정답……이 아니고(자꾸 그렇게 정확한 사실을 콕 짚어 말하면 이번 장을 열 페이지 넘게 늘려 놓을 거야!) 음…… 뭐라고 설명하면 좋을까?

나이가 들면서 사람을 만나는 폭, 세상을 바라보는 범위가 넓어지면 넓어질수록 사람들은 자신의 시야가 아주 좁다는 것을 깨닫게 돼. 그러면 매일매일 세상에는 새롭고 신기한 일이 엄청나게 많이 벌어지고 있고 그 일들은 크건 작건 모두 내 삶에도 영향을 준다는 걸 느끼지. 그러다 보면 무슨 일이 일어나는지 나만 알지도 못한 채 있다가 세상에 뒤처지는 것 아닐까 하는 불안감도 생기지. **그래서 세상에 '새롭게 일어나는 일들'을 알려 주는 '뉴스(news)'가 어른들에게는 세상을 향해 열린 조그만 창문이 되는 거야.** 예를 들어 뉴스 끄트머리에 항상 등장하는 일기 예보를 보고 오늘 비가 올지, 눈이 올지, 추울지, 더울지 미리 알면 당장 출근을 하면서 어떤 옷을 입고 무엇을 챙겨 나가야 할지 준비할 수 있잖아. 내가 세상에 대비할 수 있는 강력한 힘을 제공받는 거라고.

문제는 뉴스는 다 토막 난 정보라는 거야. 무슨 말이냐면 매일매일 '새롭게' 벌어지는 내용들을 담다 보니 그것이 왜 중요한지, 어떤 의미를 띠는지, 나와 어떤 관계가 있는 건지 다 설명해 주지는 않아. 물론 요즘은 다양한 영상이나 그래픽으로 비교적 자세하게 뉴스를 전달하기는 하지만 그래도 여전히 "이 정도는 알고 계시죠?" 하며 생략하는 내용들이 있을 수밖에 없어.

예를 들어 "오늘 외환 시장에서 원 달러 환율이 15원 높아져서 1,130원을 기록했습니다."라고 뉴스가 나오면 당장 여러분 입장에서는 '외환 시장은 뭐야?' '그런 시장이 있었나?' '환율은 뭐지?' '애개, 15원이면 아무것도 아닌데 저게 뉴스가 되나?' '저게 나랑 무슨 상관이야? 나는 미국에 사는 것도 아닌데.' 등등 수많은 의문 부호가 머릿속을 희뿌옇게 만들 거야. 그러면 자연스럽게 '에이, 뉴스는 재미없어.' 하게 되지. 그런데 여러분이 사회 시간에 경제 내용을 배웠다면 어떻게 될까?

환율은 화폐의 교환 비율이야. 우리나라의 원과 미국의 달러를 교환할 때 어제는 1달러에 1,115원을 주면 됐는데 오늘은 1,130원을 줘야 하는 거지. 어라, 미국 달러가 더 비싸졌네? 그러면 미국에 물건을 수출하는 우리 기업들은 같은 달러화를 받아 와도 더 많은 돈을 벌게 된 거잖아. 반대로 우리가 미국 여행

을 가려고 달러화를 사려면 돈을 더 많이 내야 하는 셈이고. 그런 내용을 알고 있다면 여러분은 뉴스를 볼 때 진지하게 고개를 끄덕거리면서 아빠, 엄마에게 이렇게 말할 수 있을 거야.

"원화가 떨어졌으니 수출에는 도움이 될 것 같은데 사람들이 여름에 해외여행을 가려면 돈이 더 들겠어요. 방학 전에는 환율이 좀 낮아지면 좋을 텐데."

여기에 덧붙여서 "쯧쯧." 하고 혀를 차는 모습을 보여 드리면 아마 아빠, 엄마는 당황해서 소파에서 미끄러지실걸?

뉴스가 재미없다고 느끼는 건 여러분이 그만큼 세상에 대해 잘 모르기 때문이야. 알고 보면 뉴스만큼 재밌는 것도 없어. **마치 온 세상이 살아 있는 것처럼 여기저기 근육이 움직이고 울고 웃고 하는 모습이 손에 잡힐 듯이 이해가 되면 그보다 재밌는 것이 어딨겠어?** 어른들이 뉴스를 보는 이유는 그것이 정말로 재밌는 프로그램이기 때문일지도 몰라. 사회를 공부하면 여러분도 그 재미를 느끼고, 부모님과 함께 어른스럽게 대화할 수 있게 될 거야. 어때, 기대되지 않아?

가성비를 따진다면 역시 사회!

5

'가성비'라는 말 들어 봤지? '가격 대 성능의 비율'을 줄인 말인데 간단히 말하자면 '가격이 싼데 품질은 좋은 물건'을 가성비가 좋다고들 얘기해. 여기서 '가격'이란 내가 치러야 할 비용, 희생해야 할 시간이나 노력 같은 것을 뜻해. 가성비는 물건을 살 때뿐 아니라 학교에서 공부를 할 때도 생각해 볼 부분이야.

아마 중학교, 고등학교로 올라갈수록 국어, 영어, 수학 과목의 중요성이 커진다는 얘기를 많이 들어 봤을 거야. 이 책을 읽고 있는 학생들 가운데서도 영어, 수학 학원을 다니는 경우가 많을 테고. 물론 이 과목들은 다른 공부를 하는 데도 기초가 되고 학교 시험이나, 나중에 대학 입시에서도 비중이 큰 과목들인 건 맞아.

하지만 이 과목들은 단점이 하나 있어. 성적을 올리기 위해서는 많은 시간과 노력이 필요하다는 거야. 예를 들어 수학의 경우는 차근차근 계속해서 실력을 쌓아 올리지 않고 잠시 방심이라도 하면, 다음에 나오는 내용들을 이해하고 따라가기가 어려워. 1학년 때 공부를 소홀히 했다면 2학년 공부를 따라가기가 더욱 어려워지지. 일차 방정식을 모르는데 이차 방정식을 풀 수 있겠어? 그래서 아예 포기하는 학생도 생길 정도야. 영어 같은 경우도 기본적으로 많은 단어와 숙어를 외우고 복잡한 문법을 익히지 않으면 긴 글을 정해진 시간 내에 독해하는 것이 쉽지 않잖아.

이렇게 어려운 과목이기 때문에 더 많은 시간을 투입해야 하는 과목으로 입시에서 비중이 커진 측면도 있어. 게다가 모든 학생이 이 과목들에 매달리다 보니 어지간히 잘하지 않고서는 두각을 나타내기도 어려운, 경쟁이 심한 과목이기도 하지.

그럼 사회 과목은 어떨까? 국영수 다음이라고들 하지만, 사회도 무척 중요한 과목이야. 대학 입시에서 주요 과목 내신 등급을 산출하거나 수능 최저 등급을 설정할 때 꼭 들어가곤 하니까.

그런데 사회 과목은 국영수에 비해 가성비가 무척 좋아. 공부를 하는 만큼 성적이 오른다는 뜻이지. '왜 나는 열심히 공부해도 성적이 안 오를 까?'하는 번뇌에 휩싸이지 않게 하니, 이런 훌륭한 과목이 또 없다고!

게다가 사회 과목은 우리 삶과 직접적으로 연결되어 있기 때문에 조금만 집중해서 공부하면 쉽게 흥미를 느낄 수 있어. 오늘 낮에 수업에서 직접 선거에 대해 배웠는데, 저녁 뉴스에서 대통령 선거 결과가 중계된다면 갑자기 귀가 쫑긋해지겠지? 따 로 학원을 다니지 않아도 학교에서 선생님의 수업을 집중해서 듣고 스스로 그것이 어떤 의미인지 생각하고 이해하려고 노력 하면 비교적 쉽게 성적을 끌어올릴 수 있어.

또 어떤 내용을 이해하기 위해서 반드시 그 앞에 알아 두어 야 하는 사전 지식과 정보의 양도 적은 편이야. 그래서 혹시 그 동안 공부를 등한시했더라도 괜찮아. 이제부터라도 잘해 봐야 지 굳게 마음먹고 책상 앞에 앉으면 당장 접근하기에 참 좋은 과목이지. 노력한 만큼 성과가 나올 수 있다니, 도전 정신이 생 기지?

물론 이는 반대로 생각해 볼 부분이기도 해. 나에게 가성비 가 좋은 과목은 다른 친구들에게도 그렇다는 거니까. 즉, 평소

수업 시간에, 혹은 시험 기간에 사회 과목을 조금만 열심히 공부한 학생들이라면 일정 수준 이상의 성적을 거두는 것이 그리 어렵지 않아. 그런데 만약 다른 친구들이 좋은 성적을 거둘 때 내가 사회를 소홀히 한다면?

국어, 영어, 수학은 문제가 쉬우면 다 같이 성적이 올라가고, 반대로 생각보다 어려우면 다 같이 성적이 떨어지겠지만, 사회 과목의 경우에는 조금이라도 공부를 한 학생과, 전혀 공부하지 않은 학생 사이의 성적 차이가 더 쉽게, 더 크게 벌어지게 되지. 자칫하면 내 최종 성적에서 큰 손해를 볼 수도 있어. 그러니 어쨌든 사회 과목을 열심히 공부해야겠지?

그리고 앞으로 고등학교에 진학할 친구들에게 한 가지 당부하고 싶은 것이 있어. 가끔 "저는 고등학교에서 이과를 선택할 거라서 사회 과목은 필요 없을 것 같은데요?"라고 말하는 친구가 있어. 그건 고등학교 교육 과정을 잘 몰라서 하는 말이야.

고등학교에 가도 1학년은 '통합 사회'와 '통합 과학' 과목을 필수적으로 배워야 해. 이들 과목에는 융합 지식, 창의성이 강조되는 새로운 시대에 발맞추어 문과와 이과의 벽을 없애려는 깊은 뜻이 담겨 있어. 장기적으로 2025년까지는 문과와 이과 구분 자체를 없애서 이공계 학과를 진학할 학생들도 사회 과목을 선택할 수 있도록 교육 과정이 통합될 예정이야. 사회가 필요하지 않은 학생은 이제 없다고! 그러니 중학교 때부터 사회 실력을 탄탄하게 다져 놓으면 나중에 대학에 갈 때까지 든든할 거야. 사회를 열심히 공부할 이유가 또 생겼지? 높은 가성비를 이용해서, 기왕 공부하는 것 성취감을 크게 느끼면서 해 보자고!

인생의 영양분, 사회생활의 필수품

6

지금까지 사회 공부를 통해 다양한 지식을 얻을 수 있다는 점을 강조하다 보니까 어쩌면 사회는 교양과 상식의 차원에서만 도움이 되는 것 아닐까 오해할 수도 있겠어. 그런데 사회 과목의 가장 중요한 특징은 여러분이 꿈꾸고 있는 진로를 향해 나아가는 데 필수적인 것은 물론, 평생을 두고 쓸모 있다는 거야.

일단 사회 과목은 대학 이후 취업 과정에서 큰 도움이 돼. **회사에서 신입 사원을 뽑을 때 요즘에는 필기시험 혹은 면접에서 시사 상식과 관련된 질문을 던지곤 해.** 아니면 지원자들 간, 혹은 지원자와 면접 심

사자 간에 토론 과정을 거치기도 하지. 지원자가 얼마나 상식이 풍부한지, 얼마나 생각이 깊고 논리적인지를 살펴보려는 거야.

"기후 위기가 날로 심각해지고 있는데, 이 문제를 해결하기 위해 사회적으로, 혹은 국가적으로 무엇을 할 수 있을까요? 이에 대해 자신의 생각을 말씀해 보세요."

"최근 인터넷 공간에서 인권 침해나 언어폭력이 늘어나고 있습니다. 이 문제에 어떻게 대처하면 좋을까요?"

"우리나라도 점점 다문화 사회가 되어 가고 있습니다. 서로 다른 문화의 사람들이 어울려 살기 위해 갖추어야 할 것이 있다면 무엇일까요?"

이런 질문에 대해 서로 토론하고 대답하면서 자신의 견해나 생각의 깊이를 보여 주는 거야. **가만 보면 모두 사회 교과서에서 배웠던 내용들과 연결되어 있지?** 결국은 학교에서 배운 내용들이 바탕이 되는 거야.

나중에 취업할 시점에 닥쳐서야 급한 대로 시사 상식 책을 열심히 들여다보면 토막 난 지식들을 외우는 셈이라 이해가 쉽지 않을 거야. 다른 사람에게 설명하거나 자신의 주장에 응용하기란 더욱 어렵지. 경제의 구조와 흐름을 모르는데 경제 용어를 외운들 어디에 쓸 것이며, 헌법과 법률들의 관계를 모르는데 최

신 판례와 사회적 이슈를 들여다본들 어떻게 이해할 수가 있겠어? 학창 시절에 사회 공부를 열심히 해 두면 그때 가서 벼락치기 공부를 하느라 고생할 필요가 없지.

취업뿐만이 아니야. 앞에서 사회 지식이 대화를 풍성하게 해 주어서 데이트하는 데도 도움이 된다고 얘기했지? 결혼을 하고 나서 아이가 태어났을 때, 아니면 조카가 생겼을 때를 생각해 봐. 아이들이 질문이 얼마나 많은지 알아? "엄마, 세금은 왜 내야 돼요?" "삼촌, 통일이 되면 좋은 거예요, 안 좋은 거예요?" 등등 쏟아지는 질문에 제대로 답하지 못하면 아이들이 얼마나 실망하겠어.

그리고 어른이 되면 이른바 '사회생활'을 하면서 다양한 일에 책임을 져야 하는데 뭐가 뭔지 모르면 당황하거나 큰 손해를 보게 되는 일이 많아. 집을 구하려고 부동산 전세나 매매 계약을 할 때 법적인 내용을 잘 모르면 크게 당황하기가 쉬워. 계약서나 보증 서류에 멋모르고 사인을 했다가 큰 빚을 지고 고통받는 이야기는 어른이라면 주변에서 가끔 들을 수 있어. 기초적인 법 지식이 필요한 이유지. 직장에서 받은 월급을 모으고 적절한 투자를 통해 불려 나가는 것도 경제에 대해 제대로 알지 못하면 불가능한 일이 아니겠어? 또 선거철에 정치인들의 공약이나 발언을 냉정하게 평가해서 내가 지지할 사람을 선택하는 데에도 정치와 민주주의에 대한 지식이 꼭 필요하지.

이렇게 따지고 보면 사회 과목은 앞으로 여러분이 살아갈 인생에 평생토록 영양분을 제공한다고 할 수 있어. 사회 지식은 공부해 두면 나중에까지 계속 쓸모 있다는 말씀!

민주주의를 지탱하는 힘

여기서 퀴즈 하나! 우리나라에 처음 '사회' 과목이 들어왔을 때 과목명이 뭐였는지 알아? "아니, 사회는 그냥 사회지 뭐, 예전엔 이름이 달랐었나요?" 하고 당황하는 학생들이 있네. 우리나라가 해방되기 전, 그러니까 일제 강점기의 학교에는 국어, 영어, 수학, 역사, 지리 과목은 있었지만 사회 과목은 없었어. **사회 과목이 필요하다고 생각하게 된 것은 광복 이후의 일이야.**

일본이 2차 대전에서 최종적으로 패배한 뒤 미 군정이 일본과 우리나라에 들어오게 되었어. 사회 재건을 담당했던 미국의 담당자들은 고민에 빠지게 돼.(우리나라는 광복 이후부터 1948

년에 대한민국 정부를 수립하기 전까지 미군의 통치를 받았어.)
이런 비극적인 전쟁이 다시는 벌어지지 않도록 하려면 일본이
다시 군국주의, 전체주의의 망령에 빠지지 않도록 해야 해. 그
러자면 일본 사회에 민주주의가 뿌리내리게 해야 하는데 어디
서부터 시작해야 좋을지 몰랐던 거지.

사회를 근본적으로 변화시키려면 다음 세대에 대한 교육이
최우선이라고 생각한 미 군정 담당자들은 일본 학교 교육에 미
국에서도 비교적 최근에 등장한 교과였던 Social Studies(소셜 스
터디스)를 도입해. 일본의 지배에서 막 독립한 우리나라에도 이
과목이 도입되었지. 일단 과목명을 번역할 필요가 있었는데 민
주 사회의 공동체에서 필요로 하는 시민을 길러 내는 과목이라
는 뜻에서 '공민'이라는 용어를 썼어.

그런데 '공민' 과목 수업이 시작되자, 좋은 의도와 달리 학교
현장에서는 큰 혼란이 생겨. 일제 강점기의 교육은 주로 주입
식, 암기식 교육이었어. 그래서 늘 선생님이 일방적으로 지식을
전달하고 학생들은 그것을 암기하는 방식으로 수업이 이루어
졌는데 '공민' 과목은 그렇게 할 수가 없었던 거야. 교과서의 내
용은 민주주의란 무엇인가, 시민은 어떤 삶의 자세를 가져야 하
는가, 왜 공동체에 관심을 갖고 참여해야 하는가 등 가치, 행동

과 관련된 것들이 대부분이었거든. 도대체 학생들이 뭘 외워야 하는가, 시험 문제는 뭘 출제해야 하는가 등 전국의 선생님들로 부터 문의가 빗발쳤지.

그러자 미 군정청 학무국에서는 이 과목이 지식을 외우는 과목이 아니라 민주 사회의 특성을 이해하고 이에 걸맞은 생활 태도를 기르는 과목이다, 학생들의 마음과 가치관을 바꾸는 과목이다 이렇게 설명해. 그래서 '공민'이라는 명칭과 함께 '사회생활'이라는 명칭도 함께 사용되지. 여기서 '생활'이 빠지면서 현재의 '사회'라는 명칭으로 자리 잡게 된 거야. 그 영향으로 이화여대 사범대 사회과교육과의 경우 1951년 처음 만들어질 때는 '사회생활과'라는 이름이었다가 2012년에 학과 명칭을 지금 이름으로 바꾸기도 했지.

사회 과목의 명칭에 대한 이야기를 길게 한 이유는 이 명칭에 사회 과목이 원래 추구했던 가치가 담겨 있기 때문이야. 초, 중, 고등학교 수준에서 사회 과목의 목적은 단지 정치, 경제, 사회 문화, 법의 개별적인 지식들을 늘리기만 하는 것이 아니야. 궁극적으로는 우리 사회의 민주주의를 지탱해 나갈 수 있는 민주 의식을 지닌 시민들을 길러 내는 거야. 그러다 보니 사회 과목은 내용이 별것 없다는 오해를 받기도 해. 대표적으로 고등학교 1학년에서 배우는 '통

합 사회' 과목의 경우 교과서의 어디에 줄을 치고 외워야 할지 당황스러울 만큼 생각해 보기, 토론하기, 체험해 보기 등의 내용들로 구성되어 있지.

바로 그것이 사회 과목의 핵심이야. 우리 사회의 다양한 측면을 접해 보고 고민하며 다른 친구들과 토론을 해 보고, 자신의 생각을 말과 글로 옮기는 과정에서 내가 우리 사회의 한 구성원인 동시에 주인임을 깨닫게 하는 것. **그래서 내가 가진 권리를 주장하는 한편 시민으로서의 의무를 피하지 않고 함께 짊어져야겠다고 마음먹도록 하는 것!**

이런 삶의 태도를 기르는 것은 크게 보자면 우리가 대한민국의 국민, 세계 속의 시민으로 생각하고 행동하도록 하는 데 도움이 될 거야. 또 가까이는 가족, 친구들과의 관계를 잘 설정하는 데에도 유익해. 나중에 성인이 되었을 때는 회사나 업무 관계에서 '사회생활'을 해 나가는 데에 기본이 되는 여러 가지 원칙과 자세를 익히도록 해 줘. 사회 수업을 통해 여러분을 '사회인'으로 길러 내는 것이 바로 사회 과목의 진정한 목적이야. 그러니 사회 교과서를 볼 때면 뭘 외워야 할까만 찾아보지 말고 '예비 사회인'으로서 내 생각을 기르는 연습을 좀 더 해 보자!

생각의 근육을 키우려면

8

앞의 글을 읽고, 좋은 이야기이긴 하지만 결국 사회 과목은 다른 과목보다 배우는 내용이 적기 때문에 도움이 되는 부분도 적겠다고 생각하는 친구들도 있을까? 결코 그렇지 않아. **'외우는' 내용이 적을 뿐이지 '배우는' 내용이 적은 것은 절대로 아니거든.**

유대인들의 율법과 문화를 모아 정리한 책으로, 자녀 교육에 사용되는 것으로 널리 알려져 있는 『탈무드』에 이런 구절이 나와.

"물고기를 주면 하루의 양식이 되지만, 물고기 잡는 법을 알려 주면 평생의 양식이 된다."

정말 무릎을 탁, 치게 만드는 말이지? 부모님이 자녀들에게 물고기를 잡아서 가져다주면 당장은 쉽게 얻은 음식이라서 반가워할지 모르겠지만 일단 먹어 치우고 나면 곧바로 다음 끼니를 걱정해야 할 상황이 되잖아. 부모님이 언제까지나 물고기를 잡아 줄 수도 없는 노릇이고. 또 할 수 있다고 해서 계속 물고기를 잡아다 준다면 그럴수록 아이들은 점점 의존적인 존재가 될 테고 말이야. 그러니까 아이를 제대로 기르고 싶다면 귀엽고 안쓰러운 마음에 맛있는 음식을 제꺽제꺽 내주기만 할 것이 아니라, 조금 힘들더라도 식량을 구하는 방법을 가르치고 스스로 식량을 구하도록 해야 해. 저 구절은 그것이 진짜 아이를 위해 도움이 되는 교육이라는 뜻이야.

사회는 바로 이런 '방법을 가르치는 교육'이라는 방향성에 딱 들어맞는 과목이야. 물론 사회 교과서에도 여러 가지 지식이 담겨 있지. 하지만 그 지식들은 대개 여러분이 스스로 생각할 수 있는 '틀'을 형성하도록 하는 내용들이야. 예를 들어 법에 관련된 부분을 보면 어떤 죄를 저지르면 어떤 형벌을 받는다는 식의 내용이 구구절절하게 쓰여 있지는 않아. 그보다는 법은 어떤 것이고 대략 어떤 종류의 법들이 어떤 기본 원리를 가지고 운영되고 있는지 배우고 생각해 보도록 하고 있어. 그런 과정을 통

해 나중에 여러분이 어떤 법적 문제에 부닥치게 되면 스스로 문제의 핵심을 파악하고 필요한 정보들을 찾아본 후 도움을 청할 수 있도록 구성되어 있어.

정치나 경제도 마찬가지! **사회 수업을 통해 정치 기구의 구조나 경제가 돌아가는 법칙들을 이해하게 되면 매일매일 시시각각으로 변하는 다양한 정치적 사건, 경제적 현상을 스스로 파악하고, 이 정보들을 바탕으로 판단을 내릴 수 있는 힘을 갖게 돼.** 고등학교에서 배우게 될 사회 문화 수업 중에는 아예 양적 연구 방법, 질적 연구 방법 등 여러 가지 사회 현상의 연구 방법들을 직접 배우는 단원도 포함되어 있어.

이렇게 '생각하는 방법'을 배우는 과목이다 보니 앞서 얘기한 것처럼 당장 외우거나 시험 문제를 풀 때 알아 두어야 할 지식의 양은 적은 편이야. 하지만 어떻게 보면 사회 과목에서 요구하는 진짜 능력을 키우기 위해서는 더 많은 시간과 다양한 노력이 필요해. 단지 지식을 외우는 능력이 아니라 '진짜 스스로 터득하는 힘'은 주변의 문제에 관심을 갖고, 사람들과 끊임없이 대화하고, '이건 왜 이럴까?' 하고 사회 현상의 뒷면에 숨어 있는 원리를 궁금해하며 여러 가지 체험을 하는 과정이 꾸준히 이어져야만 조금씩 조금씩 늘어 가거든. 마치 근육을 키우기 위해서는 매일매일 꾸준히 운동을 해야 하는 것처럼 사회는 내 생각과 관심을 꾸준히 세상과 연결하는 훈련을 통해 '생각의 근육'을 키워 가는 과목이야. 조금 힘들고 귀찮을 수도 있지만 그 결과는 『탈무드』에서 말하는 것처럼 '평생의 양식'으로 이어지게 될 거야.

세상을 향해 열린 창

9

사회 과목에 어떤 내용이 담겨 있고 왜 공부해야 하는지에 대해 16개의 이야기를 바탕으로 설명하려고 했던 이 글이 어느새 마지막 장에 이르렀네. 이 장에서는 선생님의 개인적인 경험을 이야기해 보려고 해.

선생님은 대학에 다닐 때 형편이 넉넉지 못했기 때문에 값이 싼 지하 자취방에 살았어. 원래는 어떤 주택의 연탄 광으로 사용하던 곳을 개조한 방이었는데 지하이다 보니 제대로 된 창문조차 없어서 대낮에도 불을 끄면 어두컴컴했어. **그 방에서 유일하게 바깥과 연결된 곳은 원래 연탄 광의 환기구 역할을 하던, 벽의 맨 위쪽에**

뚫린 손바닥만 한 사각형 구멍이었어. 그 밖은 곧장 통로였기 때문에 사람들이 저벅저벅 걸어 다니는 발만 빼꼼하게 보였어. 마치 죄수들이 탈출하지 못하도록 일부러 아주 조그맣게 만든 감옥의 창문 같은 것이었지만 선생님에게는 그 창이 정말 소중했어. 바깥의 신선한 바람을 끌어들일 수 있는, 대낮의 햇볕을 조금이나마 느낄 수 있는 유일한 숨구멍과 같은 역할을 했거든.

그렇게 힘들게 대학을 졸업하고 고등학교에서 사회 과목을 맡아 가르치는 선생님이 되었어. 그런데 아이들이 자꾸 엉뚱한 질문을 하는 거야.

"선생님, 아이엠에프(IMF)가 뭐예요?"

"미국에 극비 문서를 폭로하는 위키리크스라는 게 있다는데 그거 불법 아니에요?"

"왜 고등학생은 선거권이 없어요?"

"핀란드 학생들은 공부를 잘해요?"

안 그래도 초보 교사라서 수업을 준비하기도 바쁜데 학생들이 수업과 관련 없는 질문을 자꾸 하니까 좀 화가 나더라고. 이 녀석들이 수업 듣기 싫어서 일부러 딴소리하는 건가, 선생님을 놀리나 싶은 생각도 들고.

그런데 마음을 가다듬고 다시 생각해 보니 학생들 입장에서 그런 질문을 누구에게 하겠나 싶더라고. 뉴스에서, 어른들의 대화에서, 책 속에서, 도로에 나부끼는 현수막과 벽보에서 세상의 다른 사람들은 다 알고 나만 모르고 있는 것 같은 얘기들이 불쑥불쑥 튀어나오는데 수학 선생님께 여쭤보겠어, 영어 선생님께 여쭤보겠어?

결국 학생들이 학교 바깥의 '진짜 세상'에 대해 물어볼 수 있는 사람은 사회 선생님뿐이겠더라고. 다시 말하자면 사회 과목은 학생들에게 세상을 향해 열린 창이고, 아직 모자란 것이 많은 나는 지하 자취방에 뚫려 있었던 손바닥만 한 창문 같은 사람이었겠구나 하는 생각이 들었어.

그럼 나는 사회 교사로서 마땅히 아이들에게 더 넓은 세상의 신선한 공기와 크고 멋진 풍경들을 열심히 전달해야 할 의무가 있는 것 아니겠어? 그래서 그 이후로는 일부러 시사 주간지도 정기 구독하고, 수업 내용을 현실 속 이야기들과 열심히 연결해 가며 전달해 주려고 노력했는데 학생들이 참 좋아했었어.

선생님이 생각하기에 사회 과목이 가진 가장 큰 매력과 중요성은 바로 이것이야. **가족과 학교라는 좁은 세상에 사는 학생들을 더 넓은 세상과 연결해 주고 그래서 더 크고 넓은 시야를 갖도록 해 주는 맑고 커다란 '창문'과 같은 역할을 한다는 점!** 특히 선생님의 전공인 법 과목을 가

르칠 때 이런 점을 더 많이 느껴.

법은 어렵고 복잡하니까 학생들이 처음에는 좀 부담스러워해. 하지만 법 과목은 배우는 내용들이 바로바로 세상의 규범과 작동 방식에 대한 이해로 이어지니까 갈수록 재밌어하는 거야. 이해하기를 포기하고 닫아 두었던 세상이 돌아가는 원리가 눈에 보이고 손에 잡히니까 자신감도 생기고, 여기에 꼬리를 물고 또 다른 질문과 호기심이 무럭무럭 솟아나는 거지.

사실 학창 시절에는 모든 과목이 중간고사와 기말고사로 환산되어 이해되다 보니 공부에서 재미를 느끼기 어려운 경우가 많아. 하지만 따지고 보면 모든 학문은 인간이 그동안 알지 못했던, 자신을 둘러싼 환경에 대한 지식을 배우고 깨달으면서 재미를 느끼는 것에서부터 시작되었을 거야. 그 가운데서도 사회 과목은 정치, 경제, 사회, 문화, 법 등 정말 넓고 다양한 영역의 지식들을 통해 여러분이 앞으로 살아갈 우리 공동체에 대한 가장 기초적인 지식의 그물망을 제공하는 과목이야.

이 책을 통해서 좀 더 많은 학생이 사회에 흥미를 갖고 사회 수업에서 배운 내용들을 자신의 삶과 연결해 생각해 보는 기쁨을 알게 된다면 선생님은 정말 행복할 것 같아.

부디 그 길에 지금까지 했던 이야기들이 조금이나마 길잡이 역할을 했기를 바라며 마무리할게. 마지막 페이지까지 함께해 줘서 고마워. 안녕!